Das wird ja immähr besser!

Jens Dobbers
Das wird ja immähr besser!

arsEdition

Neulich (ich glaube, es war ein Montag) ...

... das war ein Tag, der schon nicht so
besonders gut anfing.

Überall waren kleine Nervensägen ...

... und auch noch etwas größere.

Man beschließt, sich in die Arbeit zu stürzen ...

... doch vor lauter Schwung sieht man nicht,
dass die Sache einen Haken hat.

Da fühlt man sich richtig bloßgestellt.

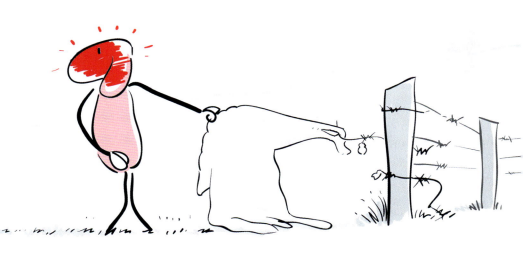

Plötzlich hat es der Chef ohne jeden Grund auf einen abgesehen.

Mittags findet man irgendwas im Salat,
was man partout nicht bestellt hat.

Alle Beschwerden helfen nichts.

Wenn man merkt, dass man vor lauter Arbeit auch noch zunimmt, dann hat man endgültig die Schnauze voll.

Nachmittags findet man wieder stundenlang
keinen Parkplatz ...

... wird beim Friseur völlig missverstanden ...

... und bekommt am Ende auch noch ein Knöllchen wegen GRASEREI.

Schließlich wollte ich mich nur noch
vor der Welt verkriechen.

Aber dann warst auf einmal du da.

Und plötzlich war es ...

... ein richtig guter ...

... und richtig schöner Tag.

Danke!